RÉPUBLIQUE FRANÇAISE

PRÉFECTURE DE L'AUBE

RÈGLEMENT DU PERSONNEL

de la Préfecture et des Sous-Préfectures

DU DÉPARTEMENT DE L'AUBE

TROYES
IMPRIMERIE TROYENNE
10 bis, Place de l'Hôtel-de-Ville
—
1921

PRÉFECTURE DE L'AUBE

RÉGLEMENT DU PERSONNEL

de la Préfecture et des Sous-Préfectures

du Département de l'Aube

Le Préfet du Département de l'Aube,
Chevalier de la Légion d'Honneur,

Vu les lois des 1er et 20 avril 1920 ;

Vu le décret du 17 juillet 1920 portant règlement d'administration publique pour l'application de la loi du 1er avril 1920 ;

Vu les arrêtés réglementaires préfectoraux pris en exécution de ces lois et décret, en date des 25 mai, 29 octobre et 2 novembre 1920 ;

Sur la proposition de M. le Secrétaire général ;

ARRÊTE :

§ I. — Personnel
Importance numérique et Attributions

ARTICLE PREMIER. — Le personnel des bureaux de la Préfecture et des Sous-Préfectures de l'Aube constitue un corps d'administration soumis aux dispositions du présent règlement.

Les articles précédés d'un astérisque sont les articles mêmes des lois des 1er et 20 avril 1920 et du décret du 17 juillet 1920.

Art. 2. — Ce personnel est réparti entre différents groupes administratifs ayant des attributions déterminées et qui sont :

Le Cabinet du Préfet (à l'exclusion du Chef de Cabinet).

Les trois Divisions.

Le Greffe du Conseil de Préfecture.

Les Archives départementales (à l'exclusion de l'Archiviste).

L'Inspection de l'Assistance publique (employés départementaux seulement).

Les huissiers et concierges.

Les Sous-Préfectures.

Art. 3. — Le personnel des bureaux de la Préfecture et des Sous-Préfectures comprend :

PRÉFECTURE
- 3 Chefs de division.
- 6 Chefs de bureau.
- 16 Rédacteurs.
- 8 Expéditionnaires.
- 3 Dactylographes.
- 4 Huissiers.
- 1 Concierge.

SOUS-PRÉFECTURES
- 4 Chefs de bureau.
- 4 Rédacteurs ou Expéditionnaires.

Art. 4. — Ce personnel est ainsi réparti :

PRÉFECTURE

CABINET
- 2 Rédacteurs.
- 1 Expéditionnaire ou 1 dactylographe.

1re DIVISION
- 1 Chef de division.
- 2 Chefs de bureau.
- 4 Rédacteurs.
- 2 Expéditionnaires.
- 1 Dactylographe.

2e DIVISION.
- 1 Chef de division.
- 2 Chefs de bureau.
- 4 Rédacteurs.
- 2 Expéditionnaires.
- 1 Dactylographe.

3e DIVISION
- 1 Chef de division.
- 2 Chefs de bureau.
- 4 Rédacteurs.
- 2 Expéditionnaires.
- 1 Dactylographe.

Greffe du Conseil de Préfecture 〈 1 Rédacteur.

Archives départementales 〈 1 Rédacteur.
1 Concierge.

Assistance publique 〈 1 Expéditionnaire.

Sous-Préfectures de :

Arcis-sur-Aube 〈 1 Chef de bureau secrétaire.
1 Rédacteur ou Expéditionnaire.

Bar-sur-Aube 〈 1 Chef de bureau secrétaire.
1 Rédacteur ou Expéditionnaire.

Bar-sur-Seine 〈 1 Chef de bureau secrétaire.
1 Rédacteur ou Expéditionnaire.

Nogent-sur-Seine 〈 1 Chef de bureau secrétaire.
1 Rédacteur ou Expéditionnaire.

Art. 5. — Les attributions des différents groupes administratifs sont les suivantes :

Cabinet

Ouverture et distribution du courrier. — Dépêches et chiffres. — Rapports avec la Presse. — Demandes d'audience. — Affaires politiques et confidentielles. — Police générale, municipale et spéciale. — Elections. — Grèves. — Honneurs et préséances. — Hommages publics. — Fonctionnaires : Prestations de serment, installation. — Personnel des Services administratifs. — Agrément et nominations à divers emplois. — Récompenses honorifiques. — Secours. — Associations. — Fêtes publiques. — Emplois réservés. — Distributions de prix. — Loteries. — Courses cyclistes.

1ᵉʳ Bureau.

1ʳᵉ Division

Administration communale et hospitalière. — Forêts. — Vaine pâture. — Voirie urbaine, vicinale et rurale. — Monuments historiques. — Dons et legs. — Enseignement primaire. — Lois sur la séparation des Eglises et de l'Etat. — Congrégations. Actes soumis à la tutelle administrative. — Distribution d'énergie électrique. — Cotisations municipales et particulières. — Amendes et condamnations pécuniaires.

1re Division

2e Bureau.

Sociétés de secours mutuels. — Caisses d'épargne. — Agriculture, Commerce, Industrie, Travail. — Syndicats professionnels et agricoles. — Ecoles et institutions diverses : Examens, Concours, Bourses. — Elections, — Chasse. — Pêche. — Etrangers. — Naturalisations. — Passeports, — Rapatriements d'indigents. — Police générale. — Légalisations. — Sapeurs-pompiers. — Jury criminel et Jury d'expropriation. — Prisons départementales et Maison centrale de Clairvaux. — Expulsions. — Libérations conditionnelles. — Grâces.

2e Division

1er Bureau.

Assistance médicale gratuite. — Assistance aux vieillards, aux infirmes et aux incurables. — Service des épidémies. — Service public départemental de désinfection. — Vaccinations et revaccinations. — Aliénés, Epileptiques : Admissions à l'Asile de Saint-Dizier.— Eaux thermales : Admissions. — Lits Napoléon : Attributions. — Jeunes aveugles et sourds-muets : Admissions dans les Institutions nationales et privées. — Bourses. — Inspection des pharmacies. — Personnel médical.— Soins gratuits aux bénéficiaires de l'art. 64 de la loi du 31 mars 1919 sur les pensions militaires. — Conseils d'arrondissement. — Service de la répression des fraudes.

2e Bureau.

Assistance aux familles nombreuses. — Assistance aux femmes en couches. — Etablissements dangereux, insalubres ou incommodes : Instruction des demandes, Autorisation, Surveillance. — Conseil départemental d'hygiène et Commissions sanitaires d'arrondissement. — Règlements sanitaires communaux. — Allocations militaires (Loi du 5 août 1914). —

2ᵉ *Bureau* (suite).

Allocations temporaires aux petits retraités de l'Etat. — Commissions départementales de l'Assistance, de la Bienfaisance et de la Natalité. — Vérification des questionnaires prévus par l'Instruction ministérielle du 24 février 1920 sur le rappel des arrérages de pensions militaires de la loi du 31 mars 1919. — Habitations à bon marché.

1ᵉʳ Bureau.

Recrutement et affaires militaires diverses. — Stands. — Champs de tir de circonstance. — Comité départemental de ravitaillement. — Canaux et rivières : Règlements d'eaux, Curages, Faucardement. — Routes nationales : Alignements, Travaux, Entretien. — Chemins de fer d'intérêt général et d'intérêt local. — Statistiques agricoles. — Postes, Télégraphes, Téléphones. — Travaux publics. — Adjudications.

2ᵉ Bureau.

Comptabilité générale. — Comptabilité départementale. — Caisse des retraites départementales. — Maison centrale de Clairvaux : Comptabilité. — Adjudication de fournitures. — Entretien des bâtiments. — Acquisition de mobilier. — Travaux en régie. — Mandatements des traitements des fonctionnaires et agents de l'Etat, des employés départementaux, des agents et cantonniers du Service vicinal.

2ᵉ Division

3ᵉ Division

GREFFE DU CONSEIL DE PRÉFECTURE

Enregistrement et transmission des réclamations. — Convocations pour les audiences. — Constitution des dossiers et expédition des affaires. — Classement des archives. — Tenue à jour du registre des arrêtés. — Délivrance d'extraits d'expédition. — Préparation des décisions en matière de contributions directes pour les demandes ne faisant pas l'objet d'observations orales. — Correspondance et Secrétariat du Conseil de Préfecture.

Archives départementales

Conservation, entretien et classement des archives.

Le Rédacteur est chargé du classement, du triage des archives modernes sous la direction de l'Archiviste. Il a la surveillance de la salle du public, le contrôle des communications sur place et la rédaction des expéditions accordées au public et aux Administrations.

Il doit seconder l'Archiviste en toute occasion et assurer la surveillance des archives en son absence.

Les fonctions du concierge garçon de bureau sont fixées par l'arrêté ci-annexé.

Assistance publique

Service des enfants assistés. — Protection des enfants du 1er âge. — Contrôle sur place des services d'assistance. — Assistance départementale aux familles indigentes.

1 Commis d'inspection. — (Agent de l'État).

1 Expéditionnaire : Enfants secourus. — Mandatement des pensions et salaires des nourrices. — Protection du 1er âge.

Cet employé est tenu, en plus, de seconder le Commis d'Inspection toutes les fois qu'il est nécessaire.

Huissiers

Deux huissiers assureront la réception et l'introduction des visiteurs ; ils surveilleront l'accès des bureaux ; ils participeront à la réception et au timbrage du courrier entrant ; ils assureront le service des séances du Conseil général, du Conseil de Préfecture et des diverses Commissions se réunissant à la Préfecture.

Deux autres huissiers seront chargés des courses en ville, du transport du courrier à l'arrivée et au départ, du service du chauffage par la vapeur à basse pression.

Les huissiers participeront à la mise sous bandes ou sous enveloppes du courrier sortant, et ils assureront après 18 heures et avant 9 heures, le nettoyage des bureaux, salles de réunion et de réception, water-closets, cours, trottoirs et caniveaux.

SOUS-PRÉFECTURES

En ce qui concerne le personnel des Sous-Préfectures, les attributions des employés sont fixées par MM. les Sous-Préfets.

Art. 6. — Les attributions des différents groupes administratifs pourront être modifiées, suivant les nécessités du service.

Art. 7. — La répartition des attributions entre les bureaux de chaque division est faite par le Chef de division, sous réserve de l'agrément du Secrétaire général.

Le personnel et les attributions du Cabinet relèvent du Chef du Cabinet du Préfet.

§ II. — **Personnel. — Recrutement**

Art. 8. — Nul ne peut être admis dans le personnel de la Préfecture et des Sous-Préfectures qu'à la suite d'un concours, en dehors des cas prévus par des lois spéciales, et, notamment, par la loi sur le recrutement de l'Armée.

* Le Chef de Cabinet n'est pas soumis à l'obligation du recrutement par voie de concours, mais il ne peut être nommé ou promu à aucun emploi des bureaux qu'en satisfaisant aux conditions légales et réglementaires.

* Art. 9. — Peuvent seuls se faire inscrire en vue du concours pour l'emploi de rédacteur ou de dactylographe dans les bureaux de la Préfecture et des Sous-Préfectures, les Français des deux sexes jouissant de leurs droits, âgés de 18 ans au moins et de 30 ans au plus à la date du concours. La limite d'âge ci-dessus est reculée d'un temps égal à la durée des services antérieurs civils ou militaires ouvrant des droits à une pension de retraite.

* Art. 10. — L'arrêté du Préfet fixant la date du concours indique la nature et le nombre des places mises au concours ; ce nombre est limité à celui des emplois dont la vacance peut être prévue pour l'année. L'arrêté est publié 40 jours à l'avance. Les candidats se font inscrire au Secrétariat général de la Préfecture dans les 20 jours qui suivent la date de l'arrêté. La liste des inscriptions est close à l'expiration de ce délai. Nul n'est admis à prendre part au concours s'il ne présente toutes garanties dont le Préfet sera seul juge. Dix jours avant l'ouverture des épreuves, le Préfet arrête la liste des candidats admis à concourir et la dépose au Secrétariat général de la Préfecture.

* ART. 11. — Le Jury du concours est composé ainsi qu'il suit :

Pour Rédacteur :

Le Secrétaire général de la Préfecture, *Président* ;
Deux personnes qualifiées et
Un Chef de Division désigné par le Préfet.

Le Chef de Division est remplacé par l'Archiviste départemental si le concours est ouvert pour un emploi des archives.

Pour Dactylographe :

Le Secrétaire général de la Préfecture, *Président* ;
Un Chef de Division
Un dactylographe professionnel (homme ou femme) } désignés par le Préfet.

* ART. 12. — Le concours comporte des épreuves écrites et des épreuves orales, dont les conditions et le programme sont établis par arrêté réglementaire du Préfet, arrêté annonçant, en outre, les pièces à produire à l'appui de la demande d'admission au concours.

Il est attribué, pour les épreuves écrites, une majoration de points :

1° — 6 °/₀ aux anciens militaires dont le droit à pension a été reconnu par application de la loi du 31 mars 1919 ;

2° — 10 °/₀ au lieu de 6 °/₀ à ceux de ces derniers qui auraient, en outre, été déclarés par la Commission de réforme inaptes au service.

* ART. 13. — Les expéditionnaires, huissiers et concierges sont recrutés parmi les candidats désignés dans les conditions fixées par les articles 69 et suivants de la loi du 21 mars 1905, et par les articles 1, 2 et 3 de la loi du 17 avril 1916. A défaut de ces derniers candidats, les expéditionnaires sont recrutés dans les mêmes conditions que celles fixées pour les dactylographes.

ART. 14. — La liste des candidats aptes aux emplois de rédacteur et dactylographe (expéditionnaire le cas échéant), établie par ordre de mérite est rendue publique par insertion au *Recueil des Actes administratifs* de la Préfecture.

§ III. — **Personnel. — Nomination**

ART. 15. — Le Préfet nomme à tous les emplois, sur la proposition du Secrétaire général.

ART. 16. — Les candidats reçus aux emplois de rédacteur et dactylographe (expéditionnaire le cas échéant) sont nommés dans l'ordre de classement établi par le concours.

ART. 17. — Les nominations dans chaque emploi ne peuvent être faites qu'à la dernière classe de l'emploi (stagiaire).

ART. 18. — Toute nomination est rendue publique par insertion au *Recueil des Actes administratifs*.

* ART. 19. — Les rédacteurs, les dactylographes, les expéditionnaires (y compris les candidats militaires), (lettre ministérielle du 30 avril 1921), nommés dans les conditions fixées au présent règlement, ne sont titularisés dans leur emploi qu'après un stage d'un an. L'employé qui, à l'expiration de ce délai, n'a pas été titularisé, est congédié sans qu'il puisse prétendre à aucune indemnité.

La durée du stage compte pour l'avancement.

ART. 19 bis. — Les stagiaires titularisés auront à supporter sur le traitement perçu pendant leur stage, un rappel de retenue pour versement à la Caisse des retraites départementale.

En cas de non titularisation, ces employés seront tenus de faire rétroactivement les versements prévus par la loi du 5 avril 1910 (R. O. P.).

§ IV. — **Avancement**

* ART. 20. — L'avancement dans chaque grade ou emploi a lieu d'une classe à la classe immédiatement supérieure.

Nul ne peut être promu à une classe supérieure s'il n'a au moins deux ans de service dans la classe qu'il occupe, et s'il n'est porté à un tableau d'avancement dressé dans le mois de décembre de chaque année par une Commission spéciale.

ART. 20 bis. — L'inscription à ce tableau sera de droit :

a) Pour les huissiers et concierges : au bout de trois années passées dans une classe ;

b) Pour les expéditionnaires......... 4 ans et 4 mois

c) Pour les dactylographes.......... 4 »   »

d) Pour les rédacteurs.............. 3 »

e) Pour les Chefs de bureau........ 3 »

f) Pour les Chef de Division........... 3 »

Les inscriptions ont lieu à raison de deux tours à l'ancienneté (cette ancienneté étant comprise entre deux ans et les maxima fixés ci-dessus) et un tour au choix (sauf pour les Chefs de Division où il n'y aura qu'un tour au choix et qu'un tour à l'ancienneté), le nombre de ces inscriptions correspond au nombre d'avancements de classe qui peuvent être prévus pour l'année en cours.

Le tableau d'avancement est rendu public par insertion au *Recueil des Actes administratifs* de la Préfecture.

Si, dans le courant de l'année, le tableau est épuisé, il est dressé dans les mêmes formes un tableau complémentaire.

Le tableau d'avancement établi pour l'année suivante fera suite au tableau de l'année écoulée en ce qui concerne le nombre de tours à l'ancienneté et de tours au choix. Par exemple si le tableau de l'année écoulée finit sur 2 tours à l'ancienneté, le tableau de l'année suivante commencera par un tour au choix.

Art. 21. — La Commission spéciale précitée est composée ainsi qu'il suit :

> Le Préfet, *Président* ;
> Le Secrétaire Général ;
> Un Sous-Préfet ;
> Les Chefs de Division.

Les Chefs de Division ne participent pas à l'établissement du tableau d'avancement qui concerne leur grade.

Art. 22. — La promotion de grade ne peut être conférée qu'à la dernière classe du grade. Si le traitement de cette classe est inférieur à celui du grade précédent, la classe sera déterminée par ce dernier traitement.

L'intéressé pourra avancer de classe dans son grade dans les conditions habituelles, mais son inscription au tableau d'aptitude ne pourra être faite d'après sa classe, mais d'après l'ancienneté de grade nécessaire pour avoir normalement cette classe.

* La promotion au grade de Chef de bureau et de Chef de Division a lieu uniquement au choix.

Nul ne peut être nommé à l'un de ces grades s'il n'est porté sur un tableau d'aptitude dressé par la Commission spéciale précitée.

Les Chefs de bureau sont choisis parmi les Rédacteurs principaux ou les Rédacteurs de 1re, 2e, 3e classes de la Préfecture et des Sous-Préfectures du département.

Les Chefs de Division sont choisis parmi les Chefs de bureau de classe exceptionnelle ou de 1re, 2e et 3e classes.

Les inscriptions au tableau d'aptitude ont lieu suivant l'ordre d'ancienneté de services dans l'emploi ou les emplois occupés énumérés à l'article 3 du présent règlement.

Le tableau d'aptitude ne doit comprendre qu'un nombre d'inscriptions correspondant aux promotions prévues pour l'année.

Les nominations ont lieu dans l'ordre d'inscription au tableau.

Un tableau complémentaire pourra être dressé, si, dans le courant de l'année, en raison de vacances imprévues, ce tableau épuisé.

§ V. — Classes dans chaque grade ou emploi et traitements

Art. 23. — Les classes dans chaque grade ou emploi et les traitements sont les suivants :

	Classe	Traitement
RÉDACTEURS	1re classe	5.600 francs.
	2e —	5.300 —
	3e —	5.000 —
	4e —	4.700 —
	5e —	4.400 —
	6e —	4.100 —
	Stagiaires	3.800 —
RÉDACTEURS PRINCIPAUX	1re classe	7.600 francs.
	2e —	7.100 —
	3e —	6.600 —
	4e —	6.100 —
CHEFS DE BUREAU	Classe exceptionnelle.	8.900 francs.
	1re classe	8.400 —
	2e —	7.900 —
	3e —	7.400 —
	4e —	6.900 —
	5e —	6.400 —

	1re classe	11.600	francs.
	2e —	11.100	—
CHEFS DE DIVISION	3e —	10.600	—
	4e —	10.100	—
	5e —	9.600	—
	6e —	9.100	—
	1re classe	5.600	francs.
	2e —	5.300	—
EXPÉDITIONNAIRES	3e —	5.000	—
ou	4e —	4.700	—
DACTYLOGRAPHES	5e —	4.400	—
	6e —	4.100	—
	7e — ou stagiaires	3.800	—
	1re classe	5.600	francs.
	2e —	5.400	—
	3e —	5.200	—
HUISSIERS	4e —	5.000	—
et	5e —	4.800	—
	6e —	4.600	—
CONCIERGES	7e —	4.400	—
	8e —	4.200	—
	9e —	4.000	—
	10e —	3.800	—

Les huissiers dont les femmes peuvent être chargées de la garde d'un immeuble départemental sont logés gratuitement dans cet immeuble.

Le service des dames concierges d'immeubles départementaux est rétribué d'une manière uniforme sur les crédits spéciaux votés par le Conseil général.

Les huissiers et le concierge des archives reçoivent chaque année un costume d'uniforme complet composé :

La 1re année, d'un complet en drap avec casquette d'ordonnance ;

La 2e année, d'un complet d'été comprenant pantalon et gilet coutil, veston alpaga, pantalon drap.

Et ainsi de suite et, alternativement, un costume d'hiver, un costume d'été.

Ils peuvent recevoir, en outre, tous les 4 ans, une capote d'ordonnance en drap et, tous les ans (en ce qui concerne les huissiers chargés de l'entretien du calorifère), un complet veston de travail en coutil bleu (pantalon, gilet, veston et coiffure).

§ VI. — **Discipline**

ART. 24. — Tous les bureaux de la Préfecture, des Sous-Préfectures et des services en dépendant sont ouverts au public de 9 heures à midi et de 14 heures à 18 heures. Tous les employés sont tenus d'être présents aux heures ci-dessus.

ART. 25. — Les employés de tous grades doivent assurer l'exécution régulière du service normal qui leur est assigné ; par suite, lorsque les circonstances l'exigeront, ils seront tenus de rester à leur bureau au-delà des heures prévues, sans pouvoir prétendre à aucune rémunération spéciale.

ART. 26. — Des travaux ou services supplémentaires extraordinaires pour l'exécution desquels des fonds spéciaux et non visés à la loi du 20 avril 1920 seraient attribués, pourront être confiés aux employés, quel que soit leur grade. Les fonds attribués seront répartis par le Secrétaire général, au prorata du service rendu, sur proposition de l'employé à qui le travail ou le service a été confié, entre tous ceux ayant collaboré à l'exécution dudit travail ou service, étant entendu que le service normal assigné à chacun doit continuer à être assuré d'une façon régulière.

ART. 27. — La répartition des affaires par bureaux ne fait pas obstacle à ce que, dans les cas urgents, les employés de tous grades soient tenus de participer à un travail autre que celui dont ils sont ordinairement chargés.

ART. 28. — Il est expressément interdit au personnel de s'occuper dans les bureaux de questions étrangères au service de la Préfecture. Les employés ne pourront emporter, hors de la Préfecture, aucun dossier, registre ou pièces quelconque, en vue d'un travail à domicile, sans autorisation spéciale.

ART. 29. — Il est rigoureusement interdit aux employés de cumuler leurs fonctions administratives avec d'autres fonctions (commerciales, industrielles, etc.).

ART. 30. — Les employés ne peuvent, sous aucun prétexte, quitter les bureaux pendant les heures réglementaires d'ouverture sans autorisation du Chef de service qui demeure responsable de l'absence du personnel sous ses ordres.

Si un employé se trouve dans l'impossibilité de se rendre à son bureau, il doit aussitôt en prévenir son Chef de service qui en rend compte au Secrétaire général ou au Sous-Préfet.

A moins de cas urgents, ces absences ne peuvent s'étendre à plus d'une journée sans autorisation écrite du Secrétaire général.

ART. 31. — Le personnel, à quelque degré de la hiérarchie qu'il soit placé, ne doit pas oublier qu'il doit toujours accueillir le public avec la plus grande politesse, qu'il doit obligatoirement le renseigner ou le conseiller pour toutes les affaires dont il a la charge que, pour toutes autres affaires s'y rattachant, il doit le faire encore chaque fois qu'il le peut.

* ART. 32. — Les peines disciplinaires qui peuvent être infligées au personnel sont les suivantes :

L'avertissement ;

Le blâme avec inscription au dossier ;

Le retard dans l'avancement à l'ancienneté, ce retard étant au maximum d'un an ;

La radiation du tableau d'avancement ;

La rétrogradation de grade ou de classe (la rétrogradation de grade ayant lieu à la 1re classe ou à la classe exceptionnelle du grade inférieur et la rétrogradation de classe ayant lieu à la classe immédiatement inférieure ;

La suspension, sans que sa durée puisse excéder six mois ;

La révocation.

* ART. 33. — L'avertissement et le blâme avec inscription au dossier sont prononcés par le Préfet ou le Sous-Préfet.

Les autres peines sont prononcées par le Préfet, après avis d'un Conseil de discipline, composé ainsi qu'il est indiqué à l'article suivant.

* ART. 34. — Le Conseil de discipline précité est composé comme suit :

Le Secrétaire général, *Président :*

Un Sous-Préfet,
Un Conseiller de Préfecture, } désignés par le Préfet ;

Le Chef de Division le plus ancien de grade ;

Un employé du même grade que l'employé déféré ou d'un grade assimilé.

Cet employé, ainsi que son suppléant pour chaque grade, est élu tous les deux ans à la majorité par ses collègues. Il est rééligible. Les conditions d'élection sont réglées par arrêté préfectoral.

* ART. 35. — Le Chef de service ou l'employé sur le rapport duquel les poursuites disciplinaires ont été décidées ne peut siéger au Conseil de discipline. L'employé traduit devant le Conseil peut récuser un de ses membres.

L'Archiviste départemental et l'Inspecteur de l'Assistance Publique sont assimilés, pour la constitution du Conseil de discipline, au Chef de Division de la Préfecture.

* ART. 36. — En cas d'empêchement du Secrétaire général, la présidence est exercée par le Sous-Préfet.

* ART. 37. — L'employé déféré au Conseil de discipline par le Préfet est mis en demeure, par lettre recommandée, de prendre connaissance à la Préfecture de son dossier et de toutes pièces relatives à l'affaire. Communication lui est donnée en même temps des noms des membres appelés à siéger au Conseil de discipline et du suppléant du représentant du personnel.

Il lui est accordé un délai de 10 jours francs, à dater de la mise en demeure ci-dessus, pour présenter sa défense par écrit, pour désigner, s'il y a lieu, son défenseur ainsi que les personnes qu'il désire faire entendre et pour exercer son droit de récusation.

* ART. 38. — Le Conseil de discipline se réunit dans le mois qui suit l'expiration des délais prévus à l'article précédent ; il entend, sur sa demande, l'employé déféré, le défenseur s'il y a lieu, ainsi que les personnes citées par les parties et celles qu'il croit devoir convoquer spontanément.

* ART. 39. — Le Conseil statue hors de la présence de l'employé.

* ART. 40. — La délibération du Conseil de discipline n'est valable que si elle est prise par cinq membres au moins (4 au moins, en cas d'empêchement du Secrétaire général, remplacé par le Sous-Préfet).

L'employé déféré bénéficie, s'il y a lieu, du partage des voix.

L'avis du Conseil de discipline est motivé. Il est reproduit dans la décision du Préfet. Cette décision est notifiée à l'intéressé par lettre recommandée. Si la peine prononcée est celle de la suspension, il est tenu compte, pour sa durée, de la durée de la suspension provisoire prévue à l'article 37.

* Art. 41. — En cas de faute grave ou en cas d'urgence, le Préfet peut, exceptionnellement, prononcer la suspension d'un employé avant la comparution de celui-ci devant le Conseil de discipline. Si la peine prononcée ultérieurement n'est ni la révocation, ni la suspension, l'employé aura droit à son traitement pendant la durée de la suspension. En cas de suspension préalable, le Conseil de discipline doit statuer dans le délai d'un mois.

§ VII. — Congés et Permissions

Art. 42. — Un congé, sans traitement, est accordé par le Préfet aux employés de la Préfecture et des Sous-Préfectures appelés sous les drapeaux, pour la durée de leur service militaire obligatoire. Ce congé compte pour l'avancement de classe au même titre que si l'employé était présent à son service. Pendant ce congé, l'employé sera remplacé par un employé auxiliaire.

Art. 43. — Des permissions seront données au personnel de la Préfecture et des Sous-Préfectures pour l'accomplissement des périodes d'instruction militaire et pour affaires personnelles urgentes et justifiées, sur demande écrite, par le Préfet ou le Secrétaire général.

Art. 44. — En dehors des permissions indiquées à l'art. 43, il est accordé au personnel de la Préfectures et des Sous-Préfectures un congé annuel de 21 jours (dimanches et jours fériés compris). Ce congé peut être pris en une fois si des exigences de service ne s'y opposent pas, exigences dont le Préfet ou le Secrétaire général sont les seuls juges.

Art. 45. — Les demandes de congé formulées par le personnel de la Préfecture et des Sous-Préfectures sont adressées par écrit au Préfet après avis des chefs de l'employé ; elles sont formulées au moins quinze jours à l'avance.

Ces congés seront accordés par roulement, de façon à ne pas nuire à la bonne marche du service.

Art 46. — En cas de maladie et sur la production d'un certificat délivré par un médecin assermenté, des congés de maladie peuvent être accordés dans les conditions suivantes :
Trois premiers mois, traitement entier.
Au-delà de trois et jusqu'à 6 mois, demi traitement.
A l'expiration des six mois de congé accordés, la mise en disponibilité pourra être prononcée.

Art. 47. — Tout employé en disponibilité pour cause de maladie pourra, sur sa demande, pourvu que cette demande soit formulée dans le délai d'un an à partir de sa mise en disponibilité, être réintégré après sa guérison. Dans ce cas, il reprend le rang qu'il occupait avant sa mise en disponibilité et ne perd pas ses droits antérieurs à sa mise en disponibilité.
Il sera remplacé pendant sa mise en disponibilité et pendant un an au maximum par un employé auxiliaire. Au-delà, il sera définitivement remplacé dans son emploi par un employé titulaire.

Art. 48. — En cas de grossesse, les dames employées auront droit à un congé de 30 jours avant l'accouchement et de 30 jours après l'accouchement.

Art. 49. — Des congés de disponibilité sans traitement, pour convenances personnelles, d'une durée d'un an et renouvelables une fois, pourront être accordés.
Les titulaires de ces congés ne pourront, pendant leur durée, ni avancer de classe, ni avancer de grade.
Ils seront remplacés, durant leur congé, dans des conditions fixées par l'arrêté conférant le congé.

§ VIII. — **Retraite**

Art. 50. — Les employés de tous grades bénéficient d'une retraite dans les conditions fixées par le règlement.

§ IX. — **Dispositions spéciales**

Art. 51. — Les employés de la Préfecture et des Sous-Préfectures qui ont été mobilisés entre le 2 août 1914 et le 11 novembre 1918, alors qu'ils étaient en fonctions, bénéficieront exceptionnellement de mesures de faveur en ce qui concerne leur avancement de classe. Il leur sera accordé une majoration de 50 °/₀ du temps passé dans la zône d'action.

Cette majoration sera comptée pour les deux premiers avancements, postérieurs au reclassement effectué le 1ᵉʳ juillet 1919, à raison de moitié pour chacun d'eux.

Art. 52. — Le présent règlement recevra application à partir du 1ᵉʳ juin 1921.

Toutes dispositions contraires prises par arrêtés réglementaires antérieurs sont abrogées.

Art. 53. — M. le Secrétaire général est chargé de l'exécution du présent arrêté.

Troyes, le 31 Mai 1921.

Le Préfet,

L. MAGE.

CERTIFIÉ CONFORME :

Le Secrétaire général,

JOSSIER.

ARRÊTÉ

Le Préfet du Département de l'Aube,
Chevalier de la Légion d'Honneur,

Vu l'arrêté préfectoral du 15 décembre 1913 ;
Vu le rapport en date du 21 avril 1920 de M. l'Archiviste départemental ;
Sur la proposition de M. le Secrétaire général ;

ARRÊTE :

Article premier. — Les fonctions de concierge-garçon de bureau des Archives départementales sont fixées ainsi qu'il suit :

§ 1). *Garde des Archives.* — Il est chargé, sous sa responsabilité, de la garde du dépôt et des bureaux des Archives. Il assure l'ouverture des bureaux et du dépôt, qui devront être fermés à clef pendant les heures de fermeture. Il veille à ce que personne n'ait accès, en dehors de son contrôle, dans l'enclos et dans les bâtiments des Archives.

Il reçoit les visiteurs et garde le courrier pour le transmettre à l'Archiviste.

§ 2). *Entretien des Archives.* — Il assure, avant l'ouverture des bureaux, le balayage et le nettoyage des trottoirs et des caniveaux (tant ceux du quai du Comte-Henri que ceux des rues Saint-Paul et des Archives), l'enlèvement des ordures ; le nettoyage et l'entretien de la cour et du jardin des Archives, le nettoyage et l'entretien du dépôt (balayage des planchers et escaliers, époussetage des tables, cartons, layettes, liasses, registres ou volumes), l'aération du dépôt, le nettoyage et l'entretien des bureaux (balayage et époussetage, rangement de la salle de travail), l'allumage des feux en cas de besoin.

§ 3). *Travail de bureau.* — Pendant les heures d'ouverture des Archives, de 9 heures à midi et de 14 à 17 heures, il assure la surveillance de la salle de travail. Sous la responsabilité de l'Archiviste, il assure la communication des documents des Archives et des volumes de la Bibliothèque, tant *sur place qu'avec déplacement.* Il replace, après la séance, les documents communiqués, en s'assurant de leur intégralité et de leur bon état. Il tient à jour le registre des communications et celui des prêts à l'extérieur. En l'absence de l'Archiviste, en dehors des vacances et des périodes de fermeture des Archives, il assure la communication, *sur place seulement,* des documents autres que ceux que l'Archiviste se serait réservé le droit de communiquer ; il assure la garde du courrier jusqu'à la rentrée de l'archiviste.

Il exécute, sous la direction de l'archiviste, les adresses de lettres ou de paquets. Il assure, sous la direction de l'archiviste, le classement et le récolement des journaux revues, volumes, imprimés divers de la bibliothèque historique ou administrative ; l'estampillage, l'enliassage, le le comptage et le numérotage des pièces, tant modernes qu'anciennes ; la confection des liasses et de leurs étiquettes ; celle des paquets à expédier par la poste.

Il classe, sous la direction et suivant les instructions de l'Archiviste, tant pour la conservation que pour la vente, les papiers modernes versés par les administrations.

Il assure, sous la direction de l'Archiviste, le rangement des articles dans le dépôt.

Ces travaux de classement, de récolement, d'empaquetage et de rangement peuvent également être exécutés dans les dépôts annexes des Archives (Ancien Evêché, dépôt de la rue des Terrasses, et tous autres qui pourraient leur être affectés).

§ 4). *Courses.* — Le concierge des Archives fait toutes les courses nécessaires au service.

ART. 2. — Ces diverses occupations ne peuvent donner lieu à aucune rétribution spéciale, en dehors du remboursement, s'il y a lieu, des fournitures faites pour le service.

ART. 3. — M. le Secrétaire général est chargé de l'exécution du présent arrêté, dont une copie sera remise à M. l'Archiviste départemental, et une, au concierge-garçon de bureau.

Troyes, le 28 avril 1920.

Le Préfet,

L. MAGE.